MARIA MAGDALENA

DER BEGINN
DES GOLDENEN ZEITALTERS

COPYRIGHT

Cosmic Library Publishing LLC
2838 Beach Blvd. S
Gulfport, FL 33707
mariamagdalenainfo@gmail.com

Published by
Cosmic Library Publishing LLC,
Gulfport, FL 33707

SAN: 8 5 8 – 1 5 2 5
ISBN: 978-1-936060-01-6

Sie finden uns im Internet unter:

www.cl-publishing.com
www.jesus-das-buch.com

von Maria Magdalena in die liebenden Hände

von Durga und Agni gelegt

INHALTSVERZEICHNIS

DER BEGINN DER GOLDENEN ZEIT

Bereitet Euch auf die Ankunft des Herren vor.

Ich bin Maria Magdalena, Gefährtin von Jesus seit Anbeginn der Zeiten.

Ich möchte, dass Ihr alle wisst, dass ich in den letzten 2000 Jahren nicht mehr mein ganzes Sein inkarniert habe. Ich habe Anteile meines Selbst vor allem in den Himmeln entwickelt, um mich auf die große Mission vorzubereiten, die uns Jesus einst versprochen hat.

Auch sollt Ihr wissen, dass ich im Moment in keiner Form auf der Erde bin. Bis vor Kurzem verweilte ich in Einheit mit Jesus. Wir waren seit jener Zeit nie mehr getrennt. Wir sind ein Strom von Christusliebe, vereinigt in der Form von Christus–Shakti und Christus–Shiva. Nun aber haben wir uns nach Aeonen von Jahren, nach einer Ewigkeit, getrennt um uns in den eigenen Himmeln und das eigene Gottesbewusstsein zurück zu ziehen.

Jesus hat sich dem Vater anheim gegeben, um in Gottes Schoße sein Licht zu verdichten und die Einkehr seiner Seele zu üben als Vorbereitung auf sein nächstes Kommen.

Ich habe mich in die Weltenmutter zurückgezogen, in der mein Seelenhimmel geborgen ist. Hier bereite ich mich gleichermaßen vor, auf die Erde zu kommen. Dies ist meine Botschaft an Euch, denen dieses Buch gewidmet ist: Menschheit bereite Dich auf das Kommen von Jesus vor.

Ich, Maria Magdalena, werde solange warten, bis er mir wieder voraus gegangen und durch den heiligen Kanal zurück zur Erde gekommen ist, um den Menschen in seiner leibhaftigen Gestalt erneut zu erscheinen.

Bis dahin werde ich warten, in meinen Gebeten, in meinen Vorbereitungen und Ritualen verweilen, mit denen ich die Welten durchströme und dann erst wieder zur Erde kommen.

Ich bin mit meinem Seelenhimmel verschmolzen und bereite mich auf die Wiederkehr auf die Erde vor.

Ich bin Maria Magdalena, die ewig Liebende, deren Herz einzig und allein dem Herrn gehört.

Vieles wurde über mich geschrieben, Vieles von mir wurde überschrieben und vieles vergessen. Ich nehme es den Menschen nicht übel, dass sie so viel über mich verbreitet haben, was nur ihrer eigenen Wahrnehmung entspricht.

Da ich mich seit meiner Zeit mit Jesus nicht mehr vollständig inkarniert habe, wundert es mich nicht, dass vergessen wurde, wer ich wirklich bin.

Versteht mich heute neu.

Ich möchte weder verehrt noch lobgepriesen werden. Es entspricht nicht meinem Wesen, diese Ströme der Verehrung anzunehmen.

Das Einzige, was ich will, ist wie einst dem Herrn zu dienen.

Ich bin ausschließlich ein weiblicher, liebender, dienender Strom, der mit ewigem Licht zu ihm fließt und ihn mit meiner Liebe nährt.

Ich möchte Euch wissen lassen, dass nichts, was in den letzten 2000 Jahren über mich geschrieben wurde, auch nur annähernd an das, was ich bin, jemals herankommen wird.

Man hat mich verleugnet, man hat mein Andenken verfälscht.

Man hat mich sogar als die Frau an Jesu Seite aus der Geschichte gelöscht.

Mir war und ist es nie ein Anliegen, die Geheimnisse meiner inneren Mysterien preiszugeben. Mein Leben mit Jesus gehört nur mir und meinem Herzen und hatte nur den Auftrag, ihn als Mann zu lieben sowie im gleichen Atemzug auch diejenigen zu lieben, die unsere Brüder und Schwestern sind. Es sind jene, die mit uns in dieser Zeit inkarniert waren und uns in gegenseitiger Unterstützung bei dem großen Auftrag begleiteten, der zwischen Licht und Dunkel seinen Weg finden wollte. Dies war meine Aufgabe in jener Zeit, wie auch in den späteren Jahren, als ich mit Jesus gewandert bin und die größte Erfüllung von Glück und Liebe mit ihm erfahren habe.

All das möchte ich mir in meinem Herzen bewahren.

Jesus hat bewusst jene ausgesucht, die seinen Namen, seine Lehre, weitertragen sollten. Ihr wisst, dass er 12 Apostel erwählt hatte, seine Sterne, die in die Welt gingen, um seine Botschaft zu verkünden, die er unmittelbar aus der Zwiesprache mit Gott im Himmel, unserem Vater, auf die Erde gebracht hat. Aber es gehörten viele Wesen mehr zu seinen Begleitern. Es waren drei Frauen in seinem engsten Kreis, unter anderem ich, die er auch als seine Apostel erwählt hatte. Die Essener und die 108 Himmelstorhüter zählten dazu. Im weiteren Kreis waren 2000 begleitende Seelen in jener Zeit mit Jesus inkarniert. Jeder von ihnen wurde mit einer Aufgabe betraut, die seiner Seelenqualität, seiner Herkunft und seiner Macht entsprachen.

Ich möchte, dass die Welt mich so versteht:

Wir waren und sind immer im Dienste der Menschheit und mit denen, die wir lieben, verbunden.

Auch wenn wir ein persönliches Schicksal teilten, uns Mann und Frau und Eltern waren, so bewahren wir dieses Mysterium in uns.

Alles was wir tun, ist ein göttliches Geschenk an die Menschen und die Erde.

Ich möchte verstanden werden als eine Dienerin des Herren, die sich verschenkt. All das, was ich geschenkt bekomme, möchte ich an jene weitergeben, die dürsten, die suchen, an jene, die sich vergessen haben. Es liegt in Eurer Entscheidung, welchen Botschaften aus verschiedenen Quellen ihr lauscht.

Euer Herz wird Euch die Wahrheit zeigen.

Aber wenn Ihr mir, Maria Magdalena, begegnen wollt, so geht dies nur von Herz zu Herz. So möchte ich verstanden werden, weder verehrt noch angebetet, denn ich bin einfach.

Ich bin Maria Magdalena.

Einst auserkoren von Jesus als eine seiner weiblichen Apostel.

In diesem Auftrag spreche ich zu Euch.

Wisst: Alle Apostel Jesu, ob männlich oder weiblich, wollten nie als eigenständige Wesen gesehen oder verehrt werden. Wir wollten einzig und allein das Sprachrohr des Herrn sein — nicht für ihn sprechen. Die initiierte Liebe, die wir als Geschenk von ihm bekommen haben, vermitteln wir als Strom der Botschaft der Liebe an die Menschen.

So sahen wir uns damals und so verstehen wir uns heute.

Ich bin Maria Magdalena.

Erst wenn Jesus wieder inkarniert ist, werde ich meine Seele auf die Erde bringen. So lautet das Versprechen aus der alten Zeit. Nahe am Thron Gottes komprimiert er gerade sein ganzes Licht und bereitet sich auf sein Kommen vor.

Ich habe ihm versprochen, zu gegebener Zeit seine Botschaft zur Erde zu bringen. Sie wird in seinem und meinem Namen gesprochen.

Ich möchte dabei helfen, die Veränderungen der Erde zu unterstützen.

Von Zeit zu Zeit bin ich erdnah und verrichte dort meinen Dienst und meine Arbeit.

Ich wende mich an Euch, weil die Erde sich an mich gewandt hat.

BOTSCHAFT AN DIE ERDE, BOTSCHAFT AN DIE MENSCHEN

Die Erde befindet sich zur Zeit in einem großen Schöpfungsprozess.

Ihr seht die Welt vor Euren Augen auseinander brechen. Eure gewohnten Strukturen sind bereits erschüttert.

Aber glaubt mir, dies ist nur der Anfang einer großen Zeit.

Ich spreche zu Euch, damit Ihr versteht, was an der Erde und ihren Strukturen rüttelt. Die innewohnende Ursache ist für viele nicht sichtbar.

Die Erde selbst beginnt, sich auf das Christuslicht vorzubereiten. Im Feuer ihres Inneren hat sie bereits einen starken Christuskern entwickelt, der, wenn er vollendet ist, alle Wesen auf der Erde an dieser leibhaftigen Liebe teilhaben lässt.

Liebe Menschen: Beginnt zu verstehen, dass die Erde selbst das erste Mal das Christuslicht aus ihrem Inneren gebärt. Es ist ein besonderer Augenblick. Wenn Ihr bereit seid, mit der Mutter Kontakt aufzunehmen, werdet ihr fühlen, dass Sie Euch braucht. Die Menschen haben nun solange auf der Welt gewohnt und, wir müssen nichts beschönigen, sie ausgebeutet. Sie haben sie verletzt.

Nun aber ruft die Mutter Erde Euch. Versteht, dass sie in einem Geburtsprozess ist und Euch braucht, um dies zu vollbringen. Je mehr dabei mitarbeiten, um so leichter tut sich die Erde. Wie eine werdende Mutter hat die Erde nun ihre Wehen eingeleitet und die Menschheit wird jede dieser Geburtsphasen bewusst miterleben. Wenn Ihr die kollektive Kraft spürt, die Ihr mit der Erde erleben könnt, um Euch selbst im Christuslicht zu gebären, muss die Menschheit nicht so viele Schmerzen durchleiden und soviel Zerstörung sehen, sondern kann gemeinsam mit der Erde im Christuslicht geboren werden.

Dies geht nicht von heute auf morgen — aber der Zyklus begann bereits im August 1999 zur Zeit der Sonnenfinsternis.

Jetzt beginnt der zweite Zyklus und ich werde Euch Schritt für Schritt darauf vorbereiten. Je mehr ihn von Euch verstehen, um so leichter wird es werden.

Zerstört werden muss nur das Alte, das sich

weigert, das Neue zu gebären.

Die Menschheit ist aufgerufen aufzubrechen, umzudenken und ihre Ausrichtung zu korrigieren.

Wie Ihr wisst, haben die Maya für 2012 mit dem Ende ihres Kalenders das Ende der alten Welt angekündigt.

Solche und ähnliche astronomische Berechnungen und Prophezeiungen gibt es in zahlreicher Form.

Was sie alle nicht berücksichtigen und was die Menschheit immer wieder vergisst, ist das, wofür Jesus schon einmal auf die Erde gekommen ist: Wendet Euch an den Vater im Himmel.

Jesus hat uns bereits gelehrt, die Anbindung an den Vater zu finden, der voller Gnade, voller Liebe und voller Güte für seine Kinder ist.

Die Gnade Gottes kann aber nur erreicht werden,

wenn Ihr Euch im innigen Gebet und reiner Liebe an den Vater wendet.

Wendet die Menschheit sich nicht an den Vater, wird die Zerstörung groß und schrecklich sein.

Wendet Ihr Euch ihm jedoch immer mehr zu, kann er seine Gnade zu Euch fließen lassen und Eure Befürchtungen müssen nicht wahr werden.

Die Menschheit steht an einer Weggabelung. Es hängt von Eurer Entscheidung ab, was die kommenden Jahre für Euch bringen. Es geht darum, ob Ihr durch Zerstörung lernen müsst oder durch die Gnade Gottes lernen dürft, die bereit ist, der Erde ihre Wunder zu schenken.

Erinnert Euch: In Atlantis habt Ihr bereits durch Zerstörung gelernt. Ihr habt erfahren, wie vor Euren Augen die Schöpfung der Erde zerstört wurde. Dies hatte zur Folge, dass Ihr bis heute, in Licht und Materie getrennt, einen langen Weg beschritten habt, um diese tiefe traumatische Erschütterung zu heilen.

Ihr müsst erkennen, dass alles, was geschieht, nur von Eurer Haltung abhängt, die Ihr dem Leben gegenüber aufbringt.

Die Dinge werden geschehen.

Nach langer Regentschaft der Dunkelheit auf dieser Erde ist es nun an der Zeit, dass die Erde sich neu gebärt und die Menschen mit ihr.

Ihr habt überhaupt keine Vorstellung davon, wie viele Wesen aus allen Himmeln mitarbeiten, um diesen Prozess der Neuwerdung, der Geburt und der Initiation auf der Erde mit zu gestalten. Mehr Wesen, als Ihr glaubt, sind bereits inkarniert. Die meisten der wirklich Initiierten arbeiten im Geheimen und stehen mit der geistigen Welt in Verbindung. Viele Kanäle auf der Erde sind geöffnet. Es wird ein prägendes Zeichen der

Zeit sein, dass ihr entscheiden müsst, welchen „Propheten“ Ihr folgen wollt.

Jesus gab uns einst auf seinen Reisen nach seiner Kreuzigung viele Unterweisungen und lehrte uns, auf unsere eigene Wahrnehmung, unser eigenes Herz und unsere eigene Gottesstimme zu hören.

Er brachte uns an den Punkt, an dem wir selbst auferstehen mussten, um gemäß der eigenen Wahrheit zu entscheiden.

GESPRÄCH MIT GOTT UND ERKENNEN DES CHRISTUSLICHTS

Dies möchte ich der Menschheit weiter geben. Beginnt, in Eurem Herzen die Wahrheit wieder zu spüren. Es wird am Anfang nicht so leicht sein. Ihr seid es nicht mehr gewohnt, Eure Liebe zu Gott auszudehnen und von dort Eure Antworten zu erhalten und die Wahrheit zwischen den Schleiern der Illusion zu erkennen. Aber wenn Ihr es aufrichtig und ehrlich versucht, könnt Ihr gewiss sein, dass Gott Euch hört und Stück für Stück zu Euch vordringt, bis er wieder in reinem Kontakt mit Euch steht.

Lernt, dass niemals eine Obrigkeit von Gott auserwählt wurde, um mit Ihm für Euch zu sprechen. Gott spricht selbst zu jedem Wesen. Er spricht zu mir, er spricht zu Dir und er spricht zu Euch.

Wie konnte die Menschheit jemals in den Glauben verfallen, dass Gott sich von einigen trennen und nur einige wenige das Privileg erhalten würden, mit ihm in Kontakt zu stehen.

Ich bitte die Menschheit und jeden Einzelnen, diese Zwiesprache mit Gott wieder zu erforschen und zu kultivieren. Dies ist der einzige Weg, die bevorstehende Krise zu bewältigen.

Wisset, dass sich um die Erde herum viele geistige Kräfte versammelt haben, um mitzuarbeiten — Aber seid Euch auch bewusst, dass diese Kräfte sowohl lichter als auch dunkler Natur sind. Gott gewährt ihnen die gleiche Chance. Die Menschheit muss sich selbst entscheiden, wem sie dienen will: dem Willen Gottes und dem Thron Gottes oder jenen, die den Eigenwillen, die Dunkelheit und die Impulse des Ego, das sich von Gott abgetrennt hat, fördern.

So werden zwischen Himmel und Erde eine längere Zeit viele Wesen mitreden wollen. Sie werden licht und sie werden dunkel sein, denn es ist der große Rat, der will, dass die Menschen selbst fühlen, wo sie zu Hause sind.

Wisset, dass alles Gott ist — weder Licht noch Dunkelheit sind von ihm abgetrennt. In der Dunkelheit gebärt sich jedoch immer die Zerstörung und im Licht die Schöpfung.

Das Christuslicht ist das einzige Licht im Universum, das beide verbindet.

Das Christuslicht will endlich auf der Erde entstehen, damit ihr aus den langen Zeiten der

Kriege, der Zerstörung, der gegenseitigen Feindschaft, Ausgrenzung und Verfluchung lernt, dass weder Licht noch Dunkelheit siegen können. Beide besitzen in sie eingeborene mächtige Kräfte Gottes. Nur das Eine schöpft und gebärt und das Andere zerstört. Das Christuslicht aber verbindet beide, führt sie zusammen und holt sie an einen Tisch, damit sie erkennen, dass in beiden Gott ist. Aber die Menschheit hat bis heute erst zur Hälfte gelernt, dass Zerstörung nur Schmerz hervor gebracht hat, und dass die Schöpfung und Gott, wenn sie sich vereinen, mit den Rhythmen von Leben und Tod viel unmittelbarer und harmonischer miteinander kommunizieren.

DER RHYTHMUS DER SCHÖPFUNG

Wenn ihr beginnt, den großen Rhythmus der Weltenmutter zu verstehen, die vergeht, in sich stirbt und wieder geboren wird, um zu schöpfen, erkennt Ihr den Kreislauf, der Euch einen neuen Zyklus von Zeit, Verständnis und Begegnung mit Euch und der Erde ermöglicht.

Ich werde Euch tiefer in die Rhythmen der Weltenmutter einführen, denn es wird wichtig sein, dass Ihr Euch ihnen anvertraut. Ihr müsst lernen loszulassen, wenn es Zeit ist, dass Ihr der Schöpfung alles gebt, was Ihr besitzt und was Ihr seid, um von Neuem geboren zu werden — im Lichte aufzuerstehen, in Gottes Angesicht erkannt zu werden. Dies ist der Rhythmus zwischen der Weltenmutter und der Erde.

Wenn dieser Rhythmus aber nicht akzeptiert wird, treten Schwingungen auf zwischen der Weltenmutter und der Erde und Strukturen auf der Erde und im Himmel zerspringen.

So muss die Krise erfahren werden, weil nicht losgelassen wurde.

Das Vergehen muss als Prozess des ewigen Lebens ebenbürtig zur Schöpfung verstanden werden, wie das Geboren werden und der Reichtum. Denn alles kommt und alles vergeht.

Wenn Ihr Menschen einmal diesen ursprünglichen Rhythmus versteht, kehrt tiefe Heilung in Euren Seelen ein, denn Ihr würdet Euch wieder mit den Initiationen des Lebens verbinden und in Euch entstünde eine tiefe Achtung und Ehrfurcht vor der Schöpfung.

Viele sind heute in einer Welt gefangen, die Ihr Schmerz und Trauma nennt. Ihr kultiviert den Schmerz, weil Ihr fälschlicher Weise annehmt, nur in der Dunkelheit des Schmerzes noch die Tiefe der Schöpfung erfahren zu können.

Die Tiefe ist viel mehr, als Ihr zu hoffen wagt. Sie ist die Geborgenheit, die Initiation und das Ankommen in dem Ursein des Vertrauens.

In den Tiefen der Dunkelheit versteht Ihr Macht, Führung, Leben, Schöpfung.

Diese Dunkelheit hat nichts gemein mit der Dunkelheit, die Ihr auf der Erde kennt und die sich hier wie ein Krankheitsbild geformt hat. Die Erde ist auch gefangen und erkrankt an dem Krebs, den Ihr Menschen in Euren Körpern erlebt.

Durch das lange Ausleben des freien Willens der Menschen auf der Erde und den langen Kriegen zwischen Licht und Dunkel, musste die Erdenmutter erleben, wie Ihre Zellen ein pervertiertes Wachstum angenommen haben. Die Erde kann sich nicht selbst heilen, sie will mit den Menschen Heilung erfahren.

GLEICHZEITIGKEIT DER ENTWICKLUNG VON ERDE UND MENSCH

Die Erde wurde einst geschöpft für die Menschen.

Seit Anbeginn der Zeiten war der Schöpfungsprozess der Menschen und der Erde in Gleichzeitigkeit gedacht, in guten wie schlechten Zeiten.

Die Erde wächst mit der Menschheit und die Menschheit wächst mit der Erde. Dies müsst Ihr beginnen zu verstehen.

Ich möchte Euch noch einmal an die atlantischen Zeiten erinnern, in denen alles begann, was Ihr heute erlebt.

BEREITET EUCH AUF DIE WIEDERKUNFT JESU VOR

Es ist jetzt die Zeit, in der die ursprünglichen Samen, die Jesus vor 2000 Jahren in die Erde gepflanzt hat, im Lichte des aufstrebenden Zeitalters zu erblühen beginnen.

Wisset, dass Jesus in seinem damaligen Leben, das ich mit ihm und vielen anderen verbracht habe, die einander liebten und ehrten, unermüdlich Samen in die Erde gesetzt hat. Es waren Samen des Lichts, Samen der Liebe und des Christuslichts.

2000 Jahre mussten diese Samen im Dunklen der Erde eingebettet, verborgen und verschleiert, warten — bis zu dem einen Tag im August 1999, als die Erde während der Sonnenfinsternis eine Null-Zeit erlebte. Da begann die neue Zeit. In diesem Moment aktivierten sich alle Samen, die Jesus hinterlassen hat und regten sich im Erdinneren.

Nach dieser Reifezeit beginnt nun ein neuer Zyklus, von dem ich Euch erzählen will.

Wisset, dass nun eine besondere Zeit für die Menschheit anbricht — eine Zeit der Entscheidung. Jesus und ich waren in einem ewigen Strom in Liebe verbunden und haben gemeinsam mit männlicher und weiblicher Kraft das Christuslicht vorbereitend für die Erde, dieses Sonnensystem und die umgebenden Universen durchwoben. Wir haben auch Wege und Netzwerke bereitet, gemeinsam mit vielen anderen, die wir unsere Brüder und Schwestern nennen, in der Einheit der Liebe, in der Einheit des Christuslichts. Ein großer Teil von

Ihnen ist bereits auf der Erde wieder inkarniert.

Viele von ihnen haben in den letzten Jahren schwer daran gearbeitet, ihr Bewusstsein aus ihrem Inneren emporzuheben und an die Oberfläche ihres Seins vordringen zu lassen. Mit aller Kraft haben sie ihr Licht nach oben gestemmt als Vorbereitung auf die große Zeit, die der Menschheit versprochen ist.

Es gibt einige, die uns voraus gehen, aus jener Zeit.

Viele von ihnen haben auf der Erde schon den Weg bereitet.

Im Angesicht des Lobpreises an den Herren und im Schweiße der Erde haben viele, die uns heute wie einst begleiten, die Vorbereitungen auf der Erde auf sich genommen und sie leben tatsächlich unter Euch.

Sie verströmen unter den Menschen ihr Wesen, ihren Segen und ihre Liebe, wie sie es einst Jesus versprochen haben. Aber es gibt auch Wesen, die — ab jetzt erneut inkarnieren wollen.

Ab Dezember 2009 beginnen in einer Welle ganz besondere Kinder zu inkarnieren, die über einen golden Strom auf die Erde kommen werden. Eine neue Generation, die Euch helfen wird.

Unter anderem wir die Tochter von Jesus und mir, Sara, sich bald unter Euch inkarnieren. Sie weilt bereits im Schoß einer liebenden Mutter, die noch nichts von ihrer Gunst weiß. Ihr habe ich mein geliebtes Kind anvertraut, denn es war Sara´s Wunsch, vorauszugehen. Sie gehört zu der goldenen Welle der Kinder, die immer dann auf die Erde kommen, wenn das goldene Zeitalter in seiner Fülle wieder erscheinen darf.

Ihr Menschen solltet diese Kinder willkommen heißen. Ihr solltet sie anerkennen und sie fördern, denn sie sind ein großer Gnadenstrom für die Erde und für die Welt.

Von nun an wird es viele Wellen der Vorbereitung geben. Die Tore der Gnade haben sich über Euch geöffnet. Gleichzeitig erlebt ihr auf der Erde die größte Herausforderung der Entscheidung, die seit ewigen Zeiten der Menschheit gestellt wurde.

Bevor ich mich aber nun endgültig in meinen Seelenhimmel zurückziehe, hat mich Jesus gebeten, Euch die folgenden Botschaften zu übermitteln.

DAS SCHEITERN DER HERRSCHAFT DER DUNKELHEIT

Jesus will die Menschheit wissen lassen, was geschieht, damit sie die Zeiten, die auf sie zukommen, verstehen und besser durchleben können. Ihr müsst wissen, dass die Zeit der Zerstörung, die sich in Eurer Welt alltäglich immer mehr verdichtet, nur ein Zeichen der Illusion ist.

In der Gleichzeitigkeit der Gnade entstehen bereits Parallelwelten, die beide miteinander existieren.

Die Menschheit steht vor der Entscheidung.

Wisset, dass es Gottes Wille ist, dass über die Erdsphäre Energien von hohen Lichtmeistern einströmen, die unter dem Thron Gottes seinen Willen erfüllen.

Auch Energien von Göttern, von Jesus und mir, flossen auf die Erde und wurden immer wieder an jene verteilt, die ihre Herzen für unsere Botschaften geöffnet haben.

Gleichzeitig ist es Gottes Wille, dass die Herrscher der Dunkelheit das gleiche Recht für sich beanspruchen dürfen — denn vor Gottes Liebe sind alle gleich.

Gott unterscheidet nicht unter seinen Kindern, seien sie im Licht oder leben sie in der Dunkelheit.

Alle Wesen sind Verkörperung seiner Liebe.

Dennoch gibt es ein Maß der Entscheidung, das Ihr Menschen nur durch die Allgegenwart des Christuslichts und der Urliebe Gottes verstehen könnt.

Ihr habt nun eine lange Epoche des Kali–Yuga erlebt, in der die Dunkelheit die Erde regieren durfte. Vor dieser Zeit gab es die Herrschaft des Lichts. Beide sind gottgewollt und sind Gottes Kinder.

So wie die Herrschaft des Lichts einst mit dem Untergang von Atlantis gescheitert ist, könnt Ihr jetzt das Scheitern der Herrschaft der Dunkelheit beobachten.

Beide haben nicht das Wohl aller Wesen hervor gebracht.

Gott hat vor langer Zeit die Pläne für den selbst erwählten Auftrag der Wesen frei gegeben, in denen sie sich selbst erfahren durften.

Die Einen wählten die Herrschaft des Lichts, die Anderen die der Dunkelheit. Beide erreichten nicht, dass Gottes Reich, sein Wille und die Herrschaft seines Thrones jemals wirklich auf der Erde den Menschen Erfüllung bringen konnte.

Nun aber ist es an der Zeit.

Menschen werdet Euch bewusst, wie viel Liebe aus Gottes Herzen auf Euch einströmt. Nun kommt eine Zeit, wie es sie noch nie auf der Erde gegeben hat.

Gottes Thron will sich auf der Erde manifestieren.

In diesem Moment gibt Gott jedem seiner Geschöpfe die Erlaubnis, in sein Reich einzutreten und darin unter seinem Thron die Herrschaft seines Reiches anzunehmen.

UNSERE ENTSCHEIDUNG IST GEFRAGT

Bevor ich mich in meinen Himmel zurück ziehe, möchte ich der Menschheit das Verständnis der drei großen Wellen geben, die in den nächsten Jahren auf Euch zukommen.

Die erste Welle beginnt jetzt, im Jahre 2009, am 24. August, die zweite beginnt am 21.Dezember 2010 und die dritte Welle beginnt am 3. Februar 2012.

Jede dieser Wellen hat ihre eigene Bedeutung, jede

hat ihre besondere Widmung.

Jede dieser Wellen bringt gleichzeitig gnadenvolles Licht und Zerstörung auf die Erde.

Es liegt in der Entscheidung der Menschen, ob sie die Zeit nutzen, um endlich alles Überkommene hinter sich zu lassen.

Die Geschichte von Atlantis wurde bereits vor 2000 Jahren von Jesus besiegelt. Was Ihr wahrnehmt, sind nur noch die Ausläufer der Spuren aus jener Zeit.

Das alte Schicksal der Menschheit beginnt sich nun zu lösen.

Es wird dennoch die Aufgabe eines jeden Einzelnen sein, in sich einzutauchen und die eigene Welt zu bereinigen, die Zeit zur Umkehr zu benutzen, wenn er es noch nicht getan hat.

Jene, die dem Licht bereits dienen, wird nun noch einmal die Aufgabe zu Teil werden, die Schatten, die sie in ihren Inkarnationen auf die Erde geworfen haben einzusammeln, in sich zu integrieren und endlich wieder auf der Erde anzukommen. Denjenigen, die dem Licht dienen und die sich als Lichtverkörperung fühlen, fehlt der Schatten, der ihren Zugang zur Erde verhindert. Noch leben die lichten Kräfte der Mächtigen zu sehr abgeschnitten von den Erdkräften und der Mutter:

Jenen, die noch im Dunklen, im Unbewussten leben, wird die Aufgabe erteilt, sich nun endlich dem Licht zuzuwenden — auf dass sie sich erinnern. Damit sie nach der langen Nacht der Dunkelheit nun ihren dunklen Bau verlassen und sie sich hinaus begeben in das Freie, wo sie das helle Sonnenlicht erwartet. Das Licht Gottes will sie wieder wärmen — die Schmerzen ihrer Seelen lindern, bis sie wieder nach Hause finden.

Jene werden die Aufgabe haben, noch einmal ihren eigenen Schmerzen zu begegnen, denn der Schmerz wird sie nach Hause tragen. Wenn jemand lange in der Dunkelheit gelebt hat, schmerzen die Sonne und das Licht im ersten Augenblick.

Jenen, die bewusst der Dunkelheit und den dunklen Fürsten gedient haben, stehen die Tore offen, wenn sie ihre Abkehr von Gott hinter sich lassen wollen, um eine neue Welt zu betreten. Ihre Aufgabe wird die Umschulung sein, denn die Gesetze des Thrones Gottes, die sich im Mantra „*Om namah Shivaya*" bündeln, binden alle Wesen in der Liebe an den Willen des Herren.

Jene, die lange den Willen des Herrn verachtet oder verneint haben, werden eine Schulungsphase durchlaufen, wie der Wille des Herrn ihr eigenes Ego zerbricht, bis sie wieder einkehren können in die Wirklichkeit, die sich einzig und allein durch das „*Om namah Shivaya*" gestaltet.

Mit jeder dieser drei Wellen, die ich Euch beschreiben werde, werden sich die Energien auf der Erde verdichten.

Der Spielraum für Eure Entscheidung, Eure Aufgaben anzunehmen, wird enger. Es wird für Euch einfacher sein, wenn Ihr Eure Aufgaben und die Erkenntnis annehmt und an Euch arbeitet, damit Ihr Stück für Stück das einströmende Licht in Euch integrieren könnt.

Denn alles dient Eurer Vorbereitung, wieder vor den Thron des Herren treten zu können.

DAS ERWACHEN DES CHRISTUSLICHTS IN DER ERDE IN DER ERSTEN WELLE

Bereitet Euch auf die Wiederankunft von Jesus vor.

Unerkannt wird der Messias zu Euch auf die Erde kommen.

Ihr werdet es nicht einmal bemerken.

Nur jene, die wirklich mit der geistigen Welt verbunden sind, werden die tausende von Feuern der

Liebe bemerken, die mit ihm auf die Erde kommen und von seiner Ankunft künden.

Dies aber geschieht erst zur richtigen Zeit.

Jesus wird als Pionier zu Euch kommen, als ein Zerstörer Eurer Strukturen, als einer, der die neue Zeit mit gewaltiger, göttlicher Kraft aufbrechen wird.

Ihr habt Euch ein falsches Bild von Jesus gemacht. Die Mächtigen haben ihn unter ihren eigenen Gedanken begraben.

Liebe, ja das ist er.

Aber gleichzeitig ist er Verkörperung von göttlichem Willen, der zerbricht, was keinen Bestand haben soll.

Lautlos wird er auf die Erde kommen.

Jene, die ihr eigenes Herz noch nicht erobert haben und Gottes Stimme nicht darin hören, werden vor eine große Prüfung gestellt werden. Tausende „Propheten" werden gleichzeitig am Horizont erscheinen. Dies ist ein Ausdruck der Polarität.

Jesus wird leise im Verborgenen, unerkannt von vielen, unter Euch weilen, und jene, die falsche Propheten sind, werden laut werden. Es wird an jedem von Euch liegen, dass Ihr diese sanfte, stille, fast kaum hörbare Stimme Gottes in Euch vernehmt, die abseits des Lärms Eurer Welt liegt. Nur diejenigen werden ihn erkennen, denen er sich zeigen wird.

Die Menschheit hat eine große Aufgabe vor sich.

Mit seiner Ankunft — bemerkt oder unbemerkt — werden durch seine Anwesenheit unendliche Wellen von Liebe frei gesetzt. Diese Wellen werden für Euch spürbar sein. Ihr könnt Euch vorbereiten, indem ihr Euch unentwegt und in jedem Moment auf Euer Innerstes besinnt, um dort Gott und Jesus zu finden.

Alles was sich den Wellen der Liebe in den Weg stellen will, wird keinen Halt mehr haben. Das Alte muss sterben, um das Neue zu gebären.

Die Menschheit schreitet kollektiv auf einen Engpass der Evolution zu, den es zu überwinden gilt.

Keiner wird verschont werden.

Diejenigen, die bereit sind, ihre Seele zu reinigen, Umkehr und Einsicht zu üben und sich gleichzeitig daran zu erinnern, dass Gott der Vater allen Lebens ist, werden den neuen Weg bereiten. Macht Euch auf die Suche nach denen, die bereits inkarniert sind und bereit stehen, um Euch durch diese Zeiten zu helfen.

Seid behutsam und kritisch, hört auf Euer Herz und Ihr werdet diejenigen finden, die Euch helfen können, Eure eigene Transformation einzuleiten. Daran geht kein Weg vorbei.

Was sich der Transformation widersetzt, wird zerbrechen. Sei es durch aufkommende Katastrophen auf der Erde, die dann eintreten werden, wenn die Erde keinen anderen Weg mehr weiß und sich auf diese Art und Weise äußert, oder sei es durch den Zusammenbruch Eurer bekannten Werte und Weltanschauungen.

Sie werden sterben, um der Liebe Platz zu machen.

Werdet Euch bewusst, dass um Euch herum eine Parallelwelt der Wesen entsteht, die gekommen sind, um die Erde zu halten.

Da, wo die Erde aufbricht, öffnet sie sich für neue Visionen und nimmt sie in sich auf, um sie in naher Zukunft zu gebären.

Von nun an wird sich die Erde verändern. Lange hat sie den Menschen den freien Willen gewährt. Lange hat sie keine Bedingungen gestellt, hat die Erde zugelassen, dass Ihr Euer Erfahrungsfeld auf ihr ausprobiert, sogar dass Ihr Teile ihres Wesens zerstört, missachtet und ausbeutet.

Die Erde, wird nichts mehr in sich aufnehmen und gebären, was nicht von Gott selbst geweiht und gesegnet ist. Dies ist nicht ihr Beschluss, sondern Entscheidung der Weltenmutter, mit der die Erde in ständigem Kontakt steht.

Macht Euch auf!

Seid bereit, Euch zu öffnen, erweitert Euren Kanal der Liebe und stellt Euch als Gefäß der Liebe zur Verfügung.

Sucht den Weg zum Herren.

Er ist nicht schwierig, denn Gott ist immer da.

Er ist allgegenwärtig, Ihr müsst ihn nur bemerken.

Ihr bemerkt ihn nicht in der lauten Welt, den Geräuschen, den Ablenkungen. Ihr bemerkt ihn nur in der Stille und in der Übereinkunft mit Euch selbst.

Sucht den Weg zur Mitte zurück und sucht jene auf, die Euch dabei helfen können.

Nur wer in sich und Gott verankert ist, wird den rauhen Wind und die Orkane, die über die Erde wehen werden, überstehen. Sie werden Euch nicht nur im Außen durch Unwetter und Zerstörung begegnen, auf den inneren Ebenen wird die Erschütterung noch deutlicher.

Nun zu Eurer Angst: Ich möchte, dass Ihr versteht, dass die Angst nur ein Produkt des eigenen Geistes ist. Angst durchlöchert Euch und macht Euch schwach. Damit zerstört Ihr Eure Aura und

Euch selbst. Versucht die Angst aufzugeben und ins Vertrauen zu gehen und wiederholt unabhängig von Religionszugehörigkeit oder Glauben immer wieder Gottes Namen.

Gott hört und versteht jede Sprache.

In der ersten Welle werdet Ihr in einer Zeit der Gleichzeitigkeit leben: Ihr erfahrt die Ankunft der größten Gnade auf der Erde und parallel dazu das engste Tor, das die Menschheit je durchschreiten musste.

Beide Welten werden gleichzeitig existieren und es ist Eure Wahl, ob Ihr Euch mit Angst der einen widmet oder mit der Bereitschaft der Umkehr der anderen hingebt.

Millionen Menschen beten täglich um die Ankunft Jesu auf dieser Erde — und glaubt mir, Jesus hört jeden Einzelnen von ihnen. Jede Stimme kommt in seinem Herzen an.

Er weiß, wie sehr die Menschen und die Erde ihn vermissen. Er hat versprochen, wiederzukommen, wenn die Menschheit gelernt hat, aus ihrem eigenen Wunsch heraus zu lieben.

Wisset, dass die Erde selbst aus ihrem Inneren, ihrem Feuerkern, das Christuslicht für ihr eigenes Sein entfacht. Es wird sich aus dem Inneren der Erde durch alle Schichten hindurch ausdehnen. Es wird kein Hindernis geben für dieses Christuslicht, denn es ist an der Zeit, dass es geboren wird.

Die Erde macht sich gemeinsam mit der Menschheit auf den Weg, in das Christuslicht einzutauchen und sich synchron auf die Ankunft des Messias einzustellen.

Ihr werdet in nächster Zeit viele Phänomene kennen lernen, die Euch fremd sind.

Wenn das Christuslicht sich weiter ausdehnt, kann es passieren, dass Eure elektronischen Geräte und

Eure Zeitmessinstrumente nicht mehr so funktionieren, wie Ihr es gewohnt seid. Es werden auch Zeitlöcher oder Zeitsprünge entstehen.

Begegnet den vielen Zeitphänomenen, indem Ihr in Eurer Mitte, Eurem Nabelchakra, Eurem Hara, Eure eigene Kraft und Zentriertheit fühlt. Dort ist Eure ewige Zeit geborgen, unerschütterbar durch die polare Zeit.

Viele der Strukturen, die Ihr kennt, werden erschüttert und Euch nicht mehr zur Verfügung stehen.

Erkennt in Allem das Gute, denn die Erde bereitet sich auf einen Dimensionssprung vor.

Das bedeutet nicht, dass ihr die Erde verlasst, sondern endlich Euer göttliches Licht in Eurem Körper anerkennt, der ein heiliges Gefäß ist.

Kommt in der Liebe auf der Erde an und entdeckt

Euch von dort aus neu.

Jesus hat mich gebeten, Euch Menschen mitzuteilen, dass sein Christuslicht allgegenwärtig zu all jenen strömt, die bereit sind zu lieben — die bereit sind, die Liebe zur Leidenschaft ihres Lebens werden zu lassen, zu brennen für die Liebe, zu leben und zu sterben für die Liebe — die ewige Liebe, die Ur–Liebe, die Schöpfung allen Seins ist und immer bleiben wird.

Wisset, dass Ihr beschützt seid und wendet Euch an ihn, der jeden von Euch in jedem Moment seines Seins hört.

VEREINIGUNG VON SHIVA UND SHAKTI DURCH DIE ZWEITE WELLE

Ihr habt lange in polaren Zeiten gelebt. Ihr kennt das Übergewicht von männlicher Kraft, die ohne weibliche Balance aus dem Gleichgewicht kommt, Herrschaft ohne Rhythmen einnimmt und die Naturgesetze der Erde ignoriert.

Wenn in der Welt die Herrschaft von Männlichkeit zu linear wird, dann fehlt ein wesentlicher Teil, den das Gleichgewicht benötigt.

Aber Ihr kennt auch, und das ist schon länger her, die einseitige Herrschaft von weiblicher Kraft, die wenn sie die Balance des Männlichen nicht hat, zu grausamer Regentschaft wird, weil sie, entrückt schöpferischer Impulse des männlichen Prinzips, in sich selber dunkel wird.

Aber all dies ist vorbei.

Ihr sollt nun begreifen, dass nur das Gleichgewicht zwischen männlich und weiblich, zwischen Schöpfer und Schöpfung, von Mann und Frau, das Gleichgewicht der Welten herstellen kann.

Als erste Vorbereitung wird Euch begegnen, dass sich die weiblichen Kräfte verstärken, die so lange entfernt von der Erde existiert haben. Die Frauen werden dies besonders bemerken. Die Schöpfung und die große Mutter geben neue Impulse auf die Erde. Aber nicht nur Frauen wird dies betreffen, denn jeder von Euch trägt einen männlichen und weiblichen Part in sich.

Euer innerer Ausgleich wird Euch das Gleichgewicht bringen.

In dieser Zeit werden viele Themen von männlich und weiblich, von Schöpfer und Schöpfung noch einmal auf den Plan treten. Sie wollen aus vielen Zeiten gesehen und erlöst werden.

Im Ursprung sind Schöpfer und Schöpfung eins.

Gottes Thron und die Weltenmutter bedingen einander.

Ohne den Schöpfer würde es die Schöpfung nicht geben, aber ohne den Schoß der Schöpfung würde der Schöpfer sich nicht ausdrücken können.

Keine dieser Kräfte kann ohne die andere existieren.

Die Menschheit wird in dieser Zeit einen großen Aufruhr erleben, da in dem Wandel des Gleichgewichts die Ungleichgewichte im ersten Moment stärker werden.

Der Plan Gottes und der Weltenmutter ist es, das Gleichgewicht in der Schöpfung, zwischen der Erde und dem göttlichen Thron wieder herzustellen.

In dieser Zeit werden unendliche Ströme von Schöpfung auf der und in die Erde eintreten und Ihr Menschen könnt diese unterstützen, indem Ihr aus Eurem Herzen heraus Kraftplätze anlegt, die Ihr diesen Schöpfungsstrahlen widmet. Ehrt diese Plätze und bindet sie in Rituale ein.

Auf diese Weise ladet Ihr diese Schöpfungsimpulse in Euer Leben ein und sie treffen nicht auf unvorbereitete und unbelebte Plätze.

Gleichzeitig werdet Ihr aber auch erleben, wie zerstörerisch die Ursprungs- und Schöpfungskraft der Weltenmutter ist, wenn sie auf einen Ort trifft, der sie nicht lobpreist.

Der Spielraum der Menschen wird durch die Verdichtung der Polarität, die in dieser Zeit zur Auflösung strebt, nochmals enger.

Wie immer sind die Übergängsprozesse die schwierigsten.

Ihr werdet Euch selbst einen Gefallen tun, wenn Ihr vermeidet, in dieser Zeit von einem Extrem ins andere zufallen.

Bleibt in Eurer Mitte im „*Om namah Shivaya*" und lasst Euch nicht beirren.

Gleichzeitig erwacht die aufstrebende Energie, in der jedes Wesen, das sein Herz, seinen Geist und seinen Körper dafür öffnet, seine Bestimmung und seine Herkunft erkennen kann.

Solltet Ihr nicht an diesen Kern, den Gott in euch geschöpft hat, alleine heran kommen, dann sucht Euch Hilfe. Wählt aber gut. Es gibt Wesen, die

Euch erkennen können. Nehmt deren Hilfe in Anspruch, in der Gleichzeitigkeit tritt die Bestimmung eines jeden Menschen in Kraft.

Lebt ihr außerhalb Eurer Bestimmung, so kann sich dies durch schwere Erschütterungen in Eurem Leben, durch Krankheit und andere Phänomene verstärkt ausdrücken.

Seid Ihr aber bereit, die Bestimmung in Euch erwachen zu lassen, sie zu leben, werdet Ihr einen neuen Weg beschreiten, der aus Euch herauskommt.

Die Polarität, die Euch nach links oder rechts, ins Gute oder Böse zieht, wird Euch nicht mehr beeindrucken. Ihr wisst aus Eurem Inneren heraus, was zu tun ist und dies wird Euch durch die Zeit tragen.

Vielleicht erinnert Ihr Euch nicht: Jedes Wesen ist mit einer Bestimmung geboren. Bestimmung heißt nichts anderes, als dass sich das Glück, von Gott geschenkt zu Eurer Geburt, vollenden will.

Wendet Euch Eurer persönlichen Bestimmung zu. Nur wer bei sich selbst angekommen ist, kann mitarbeiten an dem großen Netzwerk, das auf der Erde entsteht.

Während der zweiten Welle werdet ihr es nicht leicht haben. Die Dinge werden scheinbar noch weiter auseinander driften, als sie es jemals getan haben. Die Parteien werden sich spalten und die Meinungen der Menschen auch.

Gleichzeitig wandern die Wesen, die ihr Licht und ihre göttliche Herkunft annehmen wollen, unberührt durch die Zeit der Katastrophen, allein dadurch, dass sie sich zwischen Himmel und Erde zentrieren.

Die Vereinigung von Shiva und Shakti wird ein großes Geschenk für die Menschheit sein.

In diesem Moment erfüllt sich ein hoher und lang ersehnter Weltenplan der Universen. Diese Momente sind rar und geschahen erst zweimal in der Schöpfung.

In dieser Vereinigung geschieht folgendes: Alle Geschenke der Schöpfung werden im gleichen Moment ausgeschüttet — ein großer Geburtstag des Universums.

Das erste Mal geschah dies bei der Schöpfung der Welten und das zweite Mal gab es eine Hochzeit in Atlantis, wo dieser Moment zwischen Himmel, Erde und Universen verschmolz.

DIE ZEIT DER WUNDER

In der dritten Welle tritt diese Kraft wieder hervor.

Diejenigen, die sich aufgemacht haben und bereit sind, werden so viele Geschenke erhalten, wie sie es sich jetzt noch gar nicht vorstellen können.

Es wird die Zeit der Wunder sein, in der sich Ungeahntes für die Menschheit plötzlich erfüllt.

Nehmt die Geschenke des Lebens an, ohne sie zu

werten, denn so werdet Ihr anerkennen, dass Ihr Kinder des göttlichen Reiches seid.

Die Zeit der Wunder naht. Es liegt an Euch, wie weit Ihr Euch darauf einlasst, die Pole von männlich und weiblich in Euch zu vereinen.

In dieser Zeit finden auch die heiligen Paare wieder zueinander, da die Zukunft von den heiligen Paaren gestaltet wird. Nur wo männlich und weiblich im Respekt und vollkommenen Anerkennen des Anderen existieren wird, wird die Zukunft ihren Boden finden.

Auch Gott hat seine Frau, die Schöpfung selbst.

Gleichermaßen wird sichtbar, dass die Schöpfungsmuster vom göttlichen Thron sich als vollkommene Mandalas auf die Erde legen und Euch neue Möglichkeiten, Perspektiven und Visionen eröffnen, die weit über das hinausgehen, was Ihr Euch vorstellen könnt.

Neue Technologien, Erfindungen und Wissenszugänge werden für die Erde frei, die Ihr brauchen werdet, um der Zukunft zu begegnen.

Die Zukunft wird eine Aufgabe an Euch stellen: Ihr werdet nur durch die Göttlichkeit und die Entwicklung Eurer Göttlichkeit überleben, aber nicht mehr durch die Grenzen des Menschseins.

Hört auf, die Materie zu verehren, denn sie zerfällt wie der Staub auf der Erde. Wendet Euch Eurem Inneren zu, wo Gott in Euch wohnt und lasst diesen Kern Stück für Stück Eure Zellen durchweben, bis Ihr wieder leuchtende Wesen werdet, die Gott in jedem Anderen erkennen.

Es gibt in Gottes Reich nur göttliche Wesen, die einander bedingen und einander dienen, die gemeinsam miteinander Schöpfung hervorbringen — und dies wird das Zeichen sein, an dem Ihr diese Welle erkennt.

Neue Schöpfungsmuster werden sich zu neuen Netzwerken, zu neuen Verbindungen von Menschen zusammenfinden, die sich schon lange verabredet haben. Nun endlich werden sie dieses Netzwerk auf der Erde wieder zusammenschließen können.

Gleichzeitig werden jene, die nicht bereit sind zu dienen, einen großen Fall erleben.

Jesus hat eine Botschaft für Euch für diese Zeit:

Wisset, dass es nicht Gottes Wunsch ist, dass einem Wesen auf der Erde Unheil oder Unglück widerfährt. Aber wenn Ihr Euch nicht in das Licht der Liebe und unter die Herrschaft Gottes stellt, dann erkennt Ihr die Liebe in Eurem Herzen nicht an, die Euch innewohnt und Euch beseelt.

Wenn Ihr lieber im Schatten Eurer Existenz lebt und nicht in die Strahlen des Lichtes von Gottes

Hand eintreten wollt, wird es für Euch schwer werden, diese Zeiten unbeschadet zu überleben.

Gott teilt jedem Wesen mit, dass er auf jeden von Euch wartet — seit Ewigkeiten schon. Die Sprache Gottes wird Euch so nahe rücken, dass sie unüberhörbar wird, wenn Ihr die Türen für ihn öffnet.

Meine Liebe ist bei Euch und meine Gnade ist bei Euch — immerwährend und immerzu.

Bereitetet den Boden für Gott in Euch und Ihr werdet heimkehren können in Euch selbst und zu Hause ankommen — dort wo Ihr den Herrn von Angesicht zu Angesicht sehen werdet, denn dies ist das Erbrecht Eurer Seele.

Om Namah Shivaya

DIE DRITTE WELLE — ERLEUCHTUNG UND INITIATION

Von der dritten Welle möchte ich Euch nun erzählen, der besondersten von allen — der Welle der Erleuchtung und Initiation.

Die Herrschaft des Agni beginnt.

In dieser Welle beginnt die Prophezeiung, die Ihr Menschen einmal wusstet aber schon wieder vergessen habt über die Äonen von Jahren, die Ihr im Vergessen wandert.

In alten Schriften ist es noch beschrieben, dass im Wassermannzeitalter Agni am Horizont erscheint, um die Herrschaft des Lichts wieder einzuläuten. Unter seiner Herrschaft werden die Wesen wieder erhoben, die Geknechteten befreit und die vermeintlich Mächtigen entthront.

Agni tut dies nicht, um jemanden zu erniedrigen. Sein Wesen ist einzig und allein Erhebung. Er hebt Euch dorthin, wo Euer von Gott angestammter Platz ist.

In dieser Zeit wird der Thron Gottes auf der Erde sichtbar werden und am Horizont das Zeichen des Agni erscheinen.

Ein Ruf wird durch die Welten gehen — der Ruf aufzuwachen.

Der Beginn der neuen Zeit, das was Ihr das Wassermannzeitalter nennt oder das goldene Zeitalter, wird für Euch am Horizont erscheinen und so deutlich durch Feuer angekündigt werden, dass er für niemanden übersehbar ist.

Eine große Welle von Licht wird in vielen Impulsen über die Erde gehen und noch einmal eine Welle der Zerstörung auf den Plan rufen — der Zerstörung all dessen, was sich dieser Welle von Liebe, Licht und göttlicher Herrschaft widersetzt.

Es gilt für jeden Menschen, der dabei sein will, an seinen Platz zu gehen. Lasst Euch helfen, diesen Platz zu finden, indem Ihr Agni in Eurem Inneren kontaktiert. Es wir Euch leicht fallen, ihn zu erreichen, denn er wird allgegenwärtig sein in dieser Zeit.

Überall werden Feuer erscheinen.

Das Feuer kündigt die Neugeburt und die neue Schöpfung an.

Die Erde wird brennen. Sie wird sich selbst vor

Agni verneigen als Zeichen der Ehrerbietung seiner Ankunft.

Im gleichen Moment werden sich die Tore von Shamballa öffnen und allgegenwärtig werden auf der Erde. Dies geschieht zum Zeichen, dass die Lichtherrschaft sich nicht mehr zurück gezogen hat, sondern leibhaftig an der Erde und ihrem Geschehen teilnimmt.

Es werden plötzlich neue Systeme für die Erde entstehen, mit denen Ihr gar nicht gerechnet habt — vielleicht auch in Regierungen, in Herrschaftsformen, die dem Licht geweiht sind.

Dann wird es die letzten Verhandlungen zwischen den Mächtigen des Lichts und den Mächtigen der Dunkelheit geben, um endlich Frieden zu schließen.
Jeder hat seinen Platz in Gottes Reich. Sie müssen einander nicht ausschalten, sondern einander unterstützen.

Ihr selbst habt auf der Erde für lange Zeit den Krieg zwischen Licht und Dunkel als Krieg erlebt.

Auch die Weltpolitik wird sich dieser Schwingungsvorgabe anpassen müssen und Frieden schaffen.

Das Verstehen des Anderen wird gefördert und trotzdem der Führung geglaubt werden, die nicht aus dem Kompromiss vieler Meinungen hervorgeht, sondern einzig und allein aus dem göttlichen Plan.

Regierungen, die sich entscheiden werden, Hilfe anzunehmen, um sich an die göttliche Führung anzuschließen, werden überleben.

Ansonsten wird Euer System vor Euren Augen zerfallen.

Die Blinden werden meinen, Gott strafe sie.

Die Sehenden werden aber erkennen, dass Gott

sein Versprechen einlöst, das vor langer Zeit gegeben wurde — den Seinen wieder in die Herrschaft des Lichts zu verhelfen. In dieser Zeit bricht die Herrschaft des Lichts unter der Führung des Thrones Gottes an.

Vergesst alle Eure Prophezeiungen. Keine hat bisher wirklich in der Vorausschau jene Ebene erreicht, wo die Zeit nach 2012 beschrieben werden konnte, da alle Eure Prophezeiungen erdgebunden und begrenzt waren.

Auch alle Offenbarungen beschrieben letztendlich nur den Verfall der weltlichen Macht.

Die Menschheit sollte nun ganz tief etwas in ihrem Inneren verstehen: Gott war und ist niemals ein Strafender, niemals ein Zerstörender, sondern es vernichtet sich nur selbst, was alt und überkommen ist.

Die Herrschaft des Agni wird der Welt Frieden bringen.

Große Friedenslichter werden aus allen Welten auf die Erde einströmen und die lichten Universen werden ihre Friedensströme unentwegt auf die Erde leiten und den Wesen helfen.

Die Tore zwischen den Dimensionen werden wieder durchlässiger werden und die Kommunikation mit anderen Welten und dem Himmel werden den Nebel des Vergessens überwinden. Für jene, die Gott verleugnen, wird diese Zeit ein Schrecken sein.

Für jene, die Gott lieben, wird es die Zeit sein, die sie immer vermisst haben, die sie sich immer herbei gewünscht haben.

Diese Zeit wird in enormer Geschwindigkeit neue Schöpfung hervor bringen, so schnell wie Ihr es noch nie gekannt habt.

Die Zeit wird sich noch mehr beschleunigen. Ihr werdet dabei auf Eure Körper achten müssen, denn sie werden sich neuen Schwingungswellen anpassen.

Aus diesem Grund wird eine neue Medizin entstehen, die nicht auf Krankheiten gemünzt ist, sondern den Menschen helfen wird, ihre Körper zu durch lichten und zu einem Gefäß der Liebe werden zu lassen, sodass sie sich einfinden können.

Wisset, dass Agni Euch wohlgesonnen ist.

Er ist ein Liebender.

Er ist das verkörperte Wort Gottes und der Ausdruck seines Thrones auf Erden.

Die Menschen werden mehr und mehr Visionen haben von dem Thron Gottes in dieser Zeit. Gott wird nicht aufhören, die Seinen in ihren Träumen immer wieder zu berühren, um jeden zu erreichen, der nur bereit ist, sein Herz zu öffnen.

Diese Periode ist für Euch die schwierigste, weil sich Schatten nicht mehr halten können. Das Licht auf der Erde wird nach Verdichtung suchen und gleichzeitig nach der Vereinigung mit dem Christuslicht.

Die Schatten werden keinen Platz mehr haben.

Goldene Wellen werden sich über der Erde ausbreiten und die Botschaft des Friedens verkünden.

Die Menschheit kann sich darauf vorbereiten, indem sie das heilige Feuer wieder anerkennt. Das Feuer ist die Schöpfung, aus der Alles einst geboren wurde, selbst die Erde. Nur durch das Feuer werdet Ihr der Zeit begegnen können, indem Ihr dem Feuer nicht mehr ausweicht.

Ansonsten muss die Erde das Feuer produzieren, das das Gleichgewicht zwischen ihr und Agni herstellt, um die neue Schöpfung zu gebären.

Dies muss sie aber nur tun, wenn die Menschen das Feuer nicht für sich anerkennen. Ihr findet das Feuer in Eurem Herzen. Es ist der Ausdruck Eurer Liebe, das Brennen von Gottes Sehnsucht in Eurem Herzen.

Nun kommt nochmals eine Welle von Kindern auf die Erde, eine Welle von besonderen Kindern, die Ihr nur annehmen könnt, indem Ihr sie anerkennt als das was sie sind, was aber heute noch nicht erzählt werden kann. Dennoch möchte ich Euch den Rat geben, dass Ihr diese Kinder willkommen heißt, denn sie werden Wissen mitbringen, das Ihr lange schon vergessen habt, für die Heilung der Erde, für neue Schöpfung. Sie tragen diese Werkzeuge in sich. Es wird so viel Licht sein, dass Ihr den Glanz an manchen Punkten gar nicht ertragen werdet.

Aber das Glück in Euch wird wieder zu sprießen beginnen.

Ihr werdet nach Hause finden.

Jene, die suchen, werden ihre spirituellen Familien wiedererkennen und das Langvermisste endlich zu sich holen dürfen.

Die Grenzen der Trennung werden sich aufheben und vieles wird sich Euch neu zeigen, was Ihr noch gar nicht erahnt. Dies wird die Zeit sein, wenn der Plan sich erfüllt und Gottes Wille es erlaubt, dass ich wieder zu Euch auf die Erde komme:

Ich, Maria Magdalena, die Ihr durch nichts verehren sollt, die aber durch die übertragene Aufgabe von Jesus sein leibhaftiger Apostel ist, sein Sprachrohr und sein Vermittler.

Ihr werdet in jener Zeit verstehen lernen, dass die wahren Avatare, die unter Euch weilen, in der Polarität nie durch Sprache verstanden werden können. Aber es wird Mittler geben, die Euch diese Sprache verständlich machen, bis Ihr in die Einheit zurückkehrt.

Auch ich lobpreise schon den Agni in der Vorankündigung seiner Präsenz auf der Erde und verneige mich vor ihm. Auch mich wirst Du erheben, Agni, wie Du jedes Wesen erhebst. Seien es Götter, die unter den Menschen weilen, seien es Buddhas, die sich vergessen haben, seien es Engel oder Sternenfamilien — alle dürfen sich erheben im Angesicht des Agni.

Wisset, dass in dieser Zeit alle inkarniert sind, die jemals mit der Geschichtsschreibung der Erde zu tun hatten. Jedes Wesen, das jemals Spuren auf der Erde hinterlassen hat, ist hier und heute inkarniert oder wird es bis zu dieser Zeit sein. Sie alle wollen mitarbeiten mit ihren Fähigkeiten, Qualitäten und Potentialen und ihrer ureigenen Macht, um diese neue Zeit mitzugestalten.
Mitgestalten, dies wird der große Aufruf an die Menschen sein, die Ohnmacht hinter sich zu

lassen und die Geschenke der Schöpfung mit einzubringen, zum Wohle aller Wesen.

Die Chance, dies zu tun, wird so groß sein wie noch nie zuvor.

BOTSCHAFT VON AGNI

Agni selbst gibt Euch in seinem Namen eine Botschaft, die an dieser Stelle an Euch gerichtet ist.

Nehmt diese Worte auf und beginnt zu erkennen, dass Jesus und Agni, wie auch andere Avatare, in ihrer Präsenz so deutlich werden, wie Ihr es noch nie erlebt habt.

„Liebe Mitbewohner auf der Erde!

Wir stehen vor neuen globalen Aufgaben, die unsere gesamte Aufmerksamkeit, Achtung und Liebe für die Erde, unser Selbst und unseren Ursprung einfordern.

Es ist der Wunsch Gottes, dass sich sein Wort auf der Erde manifestiert und mit seinem Thron für alle seine Kinder sichtbar wird. Dies zu erleben und zu begleiten ist die Gnade unserer Zeit, für die wir unser Herz öffnen können.

Es ist die Erfüllung des Menschheitstraumes, unserer eingeborenen ureigenen Sehnsucht, nach Hause zu kommen. Gleichzeitig ist es das Einlösen des Versprechens, das Gott uns gab, als wir in Schöpfung traten.

Es ist das Licht, das uns durch die Jahrtausende der Dunkelheit nie verlassen hat und unseren Glauben an einen neuen Sonnenaufgang in unserem Kern bewahrt hat.

Die Vereinigung der Polarität in der Gnade Gottes auf der Erde ist die leibhaftige Auferstehung unserer Seelen.

Lasst uns gemeinsam beten, lieben und arbeiten, um diesen Traum Wirklichkeit werden zu lassen.

Fürchtet Euch nicht, sondern singt das Lied Eures Herzens.

Om namah Shivaya"

AGNI

Ihr werdet die Chance bekommen, Gott nicht mehr getrennt von Euch zu erleben sondern als Einheit. Alles ist miteinander verbunden. Die Erde wird ein neues Bewusstsein des großen Ganzen entwickeln. Das Bewusstsein von getrennten Ländern und Kulturen wird sich auflösen oder auflösen müssen.

Die Menschen werden aufgefordert zu erkennen, dass alle miteinander arbeiten sollen — im Großen und im Kleinen, in kleinen oder weltübergreifenden Projekten — und immer sollte das Wohl aller im Auge sein.

Solltest Du Mensch, der Du das heute liest, bisher nicht bereit gewesen sein, zum Wohle aller zu dienen, so hast Du jetzt die Zeit der Umkehr und eine Chance der Berichtigung. Die Gnade, die sich ankündigt, löscht alle Sünden und alle Fehler der Vergangenheit schneller als Ihr denken könnt. Es bedarf nur eurer Hinwendung, um aus einem überholten Seinszusammenhang Eurer Seele auszutreten und in einen neuen Schein Eures Selbst einzutreten.

Neue Lehren werden auf die Erde kommen und Ihr werdet das erste Mal nach langer Zeit die wirklichen Gesetze Gottes wieder verstehen. Das Gesetz Gottes will auf der Erde wieder in der Form von Dharma lebendig werden.

DER ABSCHIED UND DIE VERHEISSUNG DES WIEDERSEHENS

Ich bin Maria Magdalena und habe meinen Auftrag erfüllt, in meinem Versprechen an Jesus, meinen Platz einzunehmen zwischen Himmel und Erde als Botschafterin zwischen den Welten, als Ausdruck seiner Sprache und Liebe, als Vermittlerin der Worte. Ich bete zu Gott, dass meine Worte verstanden werden. Sie sind keine Drohung, sondern die Bewusstmachung der großen Chance der Menschheit zu einer großen Korrektur.

Gott ist bereit, in dem Moment Eurer Zuwendung alles zu vergessen, was Vergangenheit ist.

Ich, Maria Magdalena, sende meine Liebe zu Euch und möchte Euch wissen lassen, dass die Liebe Jesu allgegenwärtig mit Euch sein wird. Die Liebe ist allgegenwärtig für jene, die lieben.

In diesem Moment möchte ich mich nun von der Erde verabschieden, von meinem Platz zwischen Himmel und Erde, den ich noch einmal besucht habe.

Ich werde von nun an nur noch mit Wenigen in Kontakt stehen. Mit jenen, die ich bitten werde, mit mir für bestimmte Aufgaben zusammen zu arbeiten.

Ich werde mich bei bestimmten Menschen in klaren Visionen melden und meine Bitte zur Zusammenarbeit als Antrag stellen. Die Zusammenarbeit der geistigen Welt mit den

Erdbewohnern wird in diesen unruhigen Zeiten gebraucht werden .

Aber mehr und mehr werdet Ihr mich zurückgezogen in meinem Seelenhimmel wissen, der unerreichbar ist für Euch, weil jeder Himmel eines jeden Wesens nur ihm selbst und Gott gehört.

So ist es auf eine Art und Weise ein Abschied und im gleichen Moment eine Begrüßung der Menschheit, weil ich mich zurückziehe, um neu zu werden, um mich der Erde erneut zu schenken zu gegebener Zeit.

Ich liebe Euch, so wie Jesus Euch liebt. Ihr seid alle meine Brüder und Schwestern.

Ich bete, dass ich jeden von Euch in Gottes Reich wiedersehen werde bei der Ankunft des Herren.

Om Namah Shivaya